AF593062

Estoy muy orgullosa de haber llegado a ser **Bestseller en todas las categorias**

en **México** y ser uno de los

`más vendidos #1`

libros en paises como **España,**

Alemania y Australia.

Echa un vistazo

Karin Lara Fischer
Mi Mundo Mi alma: Poemas del corazón
(2)
Más vendido #1 en Guías Escritura, Investigación y Publicaciones

71 % 08:17

Idioma: Español
Tamaño del archivo: 1731 KB
Texto a voz: Activado
Lector de pantalla: Respaldados
Tipografía mejorada: Activado
Word Wise: No activado
Número de páginas: 54 páginas

Rango de ventas de Amazon.com.mx nº186 en Tienda Kindle (Ver el Top 100 en Tienda Kindle)

nº1 en Libre Albedrío y Determinismo (Tienda Kindle)

nº1 en Libre Albedrío y Determinismo (Libros)

nº1 en Guías Escritura, Investigación y Publicaciones (Libros)

Con la app de Amazon Compras, ahórrate el viaje a la tienda

Ver más ›

Mi Mundo: Mi Alma

Poemas del corazón

Karin Lara Fischer

Foto portada: Pedro Dias
Vía pexels.com junio 2022
Material Video vía Canva.com
Música via Adobe Stock free music
Diseño gráfico: Irene Escalante (España)

ISBN: 979-8-846-85717-9

Todos los derechos reservados
Copyright © 2022 Karin Lara Fischer

<u>ENLACES DE CONTACTO</u>

INSTAGRAM

<u>**Español**</u>
poemasliricos2021

E-MAIL

mimundo.mialma@gmail.com

FACEBOOK

YOU TUBE

(Mi mundo: mi alma), aquí también podrás acceder a mis otras cuentas de **Instagram** y **Facebook**:

Ideas cómo usar este librito mágico

Recuerda que este poemario es un **LIBRO INTERACTIVO**. Activa el código QR dónde aparezca, escaneándolo con tu móvil y deja que la magiase despliegue al escuchar/ver la poesía. Y si te subscribes a mi canal de YouTube, siempre verás mis novedades.

Prepárate un café o un té rico, échate en el sofá o en la hierba fresca de tu jardín y déjate inspirar leyendo.

Copia el poema que más te hable (no olvides de mencionarme como autora) y en forma de carta preséntaselo a la persona que necesite saber de esto. Léeselo a tu amor, tu amigo o amiga, a tus hijos, a quién quieras…

¡Llévatelo contigo en los viajes!

POEMA PERDIDO EN EL VIENTO

Hace algunos años en este lugar
donde hoy los rayos del sol
despiertan el madrugar
la esencia de una amistad
esa era mi felicidad!

Mi alma,
mi cantar,
dónde estás al madrugar?
Te perdí un día
dentro de mi poesía.

Esa poesía que el papel
sabe aguantar
pero ninguna otra alma
se esfuerza en igualar!

Trato de cantar,
pero la voz no sabe matar...
matar los dolores del espíritu
heridas profundas
que empiezan a aflorar
cuentas dan de tanto aguantar,
cuentas de tanta soledad!

Soledad eres mi camino
y sola tengo que andar
por esas huellas,
que no muchos saben pisar.

Soledad,
mi eterna compañera
serás mi amiga por eternidad?
Tú eres fiel,
más fiel que la amistad!

¿POR QUÉ?

¿Por qué no te puedo hablar?
¿Por qué no te puedo ver?
Es que ya no quieres creer,
creer en nuestra amistad de ayer?

Ayer no pasaban los días sin querer,
querer hablarnos, enamorarnos
y tenernos!
Tenerte como amigo,
amante y ángel de mi alma
y yo, ser tu mujer soñada
para tu futuro del mañana.

¿Qué pasó,
que de repente
eres como mucha otra gente?

Me heriste profundamente
y todo lo deje pasar por mi mente.
Peleamos, discutimos y
nos enfrentamos
hasta por fin poder arreglarnos.

Ahora quisimos volver al ayer,
pero para ti
con un nuevo amanecer.

Tú me dijiste que
todavía no es tiempo
lo que yo, de nuevo no entiendo

¿Por qué esta manera?
Esta manera de dejarme en el aire
para yo quedarme con naide?

Quisiera romper las cadenas
quisiera romper tus palabras
para que ya no sean
tan macabras.

¿Acaso tienes miedo?
Miedo de volver a verme
porque podrías creerte,
que, sin mí,
a tu vida no podrías volver?

¿Qué es lo que te frena?
¿Tu alma que te es ajena?
Yo no soy una cualquiera
que cuando tú la quieras,
vendrá sin riendas...

¿Por qué no te puedo hablar?
¿Por qué no te puedo ver?
Es que ya no quieres creer,
creer en nuestra amistad de ayer?

¿Qué pasó...
que de repente…
eres como mucha otra gente?

Claudine Thibout-Pivert

Danser...

Recueil

© Lys Bleu Éditions – Claudine Thibout-Pivert

ISBN : 979-10-377-9692-9

Le code de la propriété intellectuelle n'autorisant aux termes des paragraphes 2 et 3 de l'article L.122-5, d'une part, que les copies ou reproductions strictement réservées à l'usage privé du copiste et non destinées à une utilisation collective et, d'autre part, sous réserve du nom de l'auteur et de la source, que les analyses et les courtes citations justifiées par le caractère critique, polémique, pédagogique, scientifique ou d'information, toute représentation ou reproduction intégrale ou partielle, faite sans le consentement de l'auteur ou de ses ayants droit ou ayants cause, est illicite (article L.122-4). Cette représentation ou reproduction, par quelque procédé que ce soit, constituerait donc une contrefaçon sanctionnée par les articles L.335-2 et suivants du Code de la propriété intellectuelle.

TANTO QUERER…

Te necesito tanto, ¿dónde estás?
Quiero estar contigo,
no te vayas,
no me dejes,
te suplico!
¡Te quiero a ti, sólo a ti!

Me haces tanta falta,
quiero tenerte a mi lado.
Me había acostumbrado a ti,
pero ahora que te necesito
ya no estás!

Dime qué hacer,
algo mío se fue contigo.

¡Por favor ayúdame!

Ya no tengo fuerzas sin ti,
tú, eras mis ganas de vivir….
¿Jolines, por qué estoy así?

No me entiendo
lloro y lloro...
pero no me desahogo!
Sólo anhelo esas horas
cuando nos volvamos a encontrar!

Siento morirme
dame una esperanza.
Tú, tú eres mi único anhelo
para encontrar consuelo.

Para ti quiero vivir,
estar contigo,
sentirte, escucharte
y crecer juntos.
¡Te quiero tanto!

VELERO DE AMOR

¿Por qué me enamoré de ti?
¡No tengo esperanza
y sigo pensando en ti!

Eres la persona que siempre
he buscado,
estás delante de mis ojos,
eres mi mejor amigo y el único
que me entiende!

Cuando estoy deprimida,
tú me alegras.
Cuando estoy confusa,
tú me aclaras.
Cuando estoy triste,
me haces reír.

Quisiera ser un velero
para poder viajar rumbo a ti,
llenar mis velas con tu cariño
y sentir ese mar de emociones.

Yo pienso en ti,
pienso a cada momento en ti,
escribo poemas
que nunca leerás!

Escribiendo mis sentimientos
el velero se vuelve nave
estás conmigo en mi desasosiego
y en mi corazón.

¿Por qué me enamoré de ti?
Te venero tanto
que no sé qué hacer,
me desespero…
¡Sólo quiero estar contigo!

Estoy sin ganas de hacer algo,
me falta la fuerza y la ambición.

Miro fuera de la ventana
y pienso en ti.
Pienso en ti,
porque eres lo único
en quién logro pensar.

Mis ojos lagrimean,
estás tan lejos,
te acordarás de mí?

Te imagino
con tus amigos divirtiéndote,
y yo no quiero estar
con nadie más que tú!

Estoy sufriendo en silencio.
¿Acaso no te diste cuenta?
¿O eres tan sólo un buen actor?

Puede ser que no nos
volvamos a ver,
puede ser que nuestra estrella
se murió ayer…
Puede ser que encontraste
otra amiga
y que hasta de mi nombre
te olvidas.

Puede ser que yo vuele muy alto,

tus palabras con llave en

mi corazón guardo.

¡Te adoro tanto!
Pero tú nunca lo sabrás,
seguro, con otra te casarás.

Pero tú conmigo
en mis fantasías
te juro,
siempre estarás!

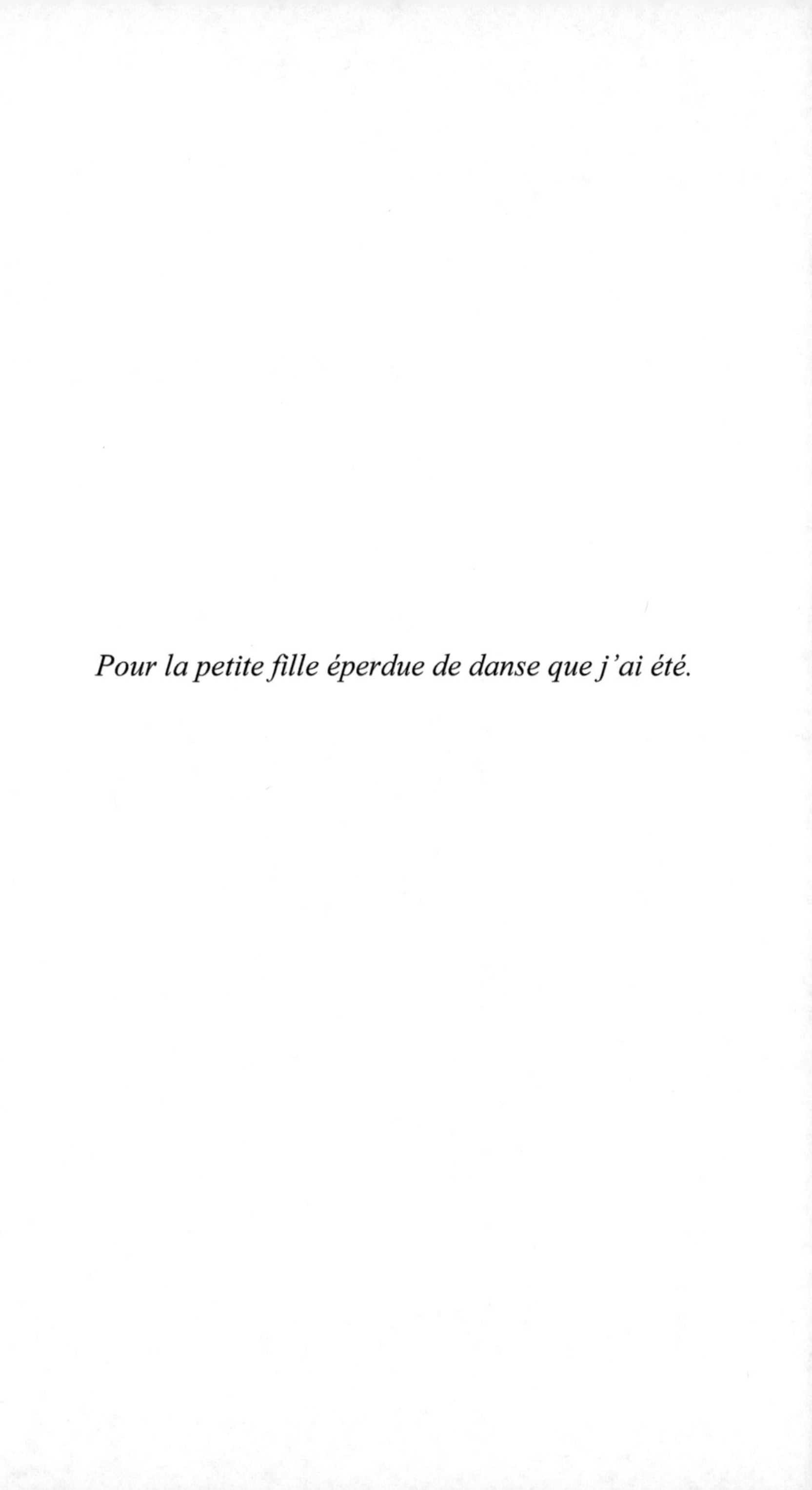

Pour la petite fille éperdue de danse que j'ai été.

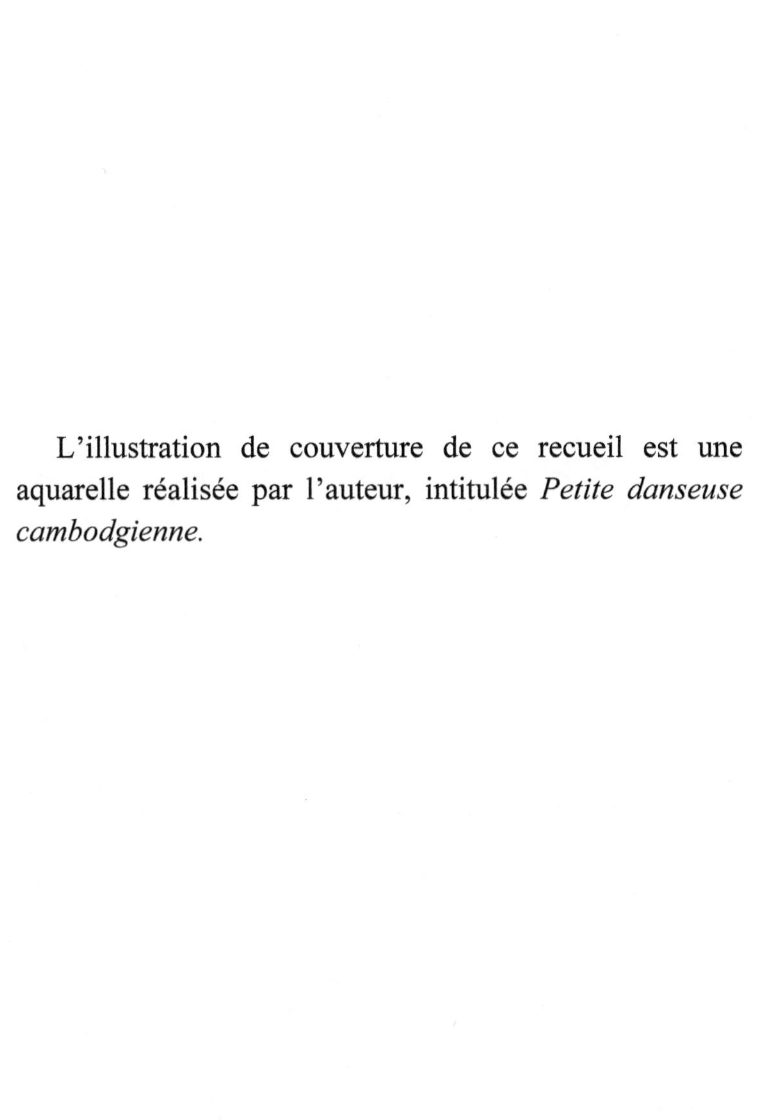

L'illustration de couverture de ce recueil est une aquarelle réalisée par l'auteur, intitulée *Petite danseuse cambodgienne.*

MELANCOLÍA

Esa triste melodía que suena y suena
instiga a mi corazón de querer
volver a verte!
Esa mirada que penetra y observa
esa ojeada me hace tuya.

Aprendí a decir adiós
aprendí a vivir sin vos
dime… ¿Quién te enseñó a sonreír?

Encontré penas,
encontré engaños.
Aprendí a vivir sin amor…
Dime… ¿tú sensibilidad
quién te la enseñó?

¿Cómo aprendiste a manejar
este sentimiento?
¿No sé si confiar?
¿No sé si todo es verdadero?
Sólo sé que una vez hace tiempo
me dejaste algo.

Tú seguiste mis huellas
y hoy nos volvemos a reencontrar!

¿Eres la misma persona que antes?
Yo cambié … ¿tú también?
Nuestro tiempo fue corto
y sólo el ayer queda cerca,
cerca de ti y dentro
de mi corazón.

Les danseurs sont les athlètes de Dieu.

Albert Einstein

La danse est une cage où l'on apprend l'oiseau.

Claude Nougaro

Celui qui danse chemine sur l'eau et à l'intérieur d'une flamme.

Federico García Lorca

J'ai tendu des cordes de clocher à clocher ; des guirlandes de fenêtre à fenêtre ; des chaînes d'or d'étoile à étoile et je danse.

Arthur Rimbaud

¿TE CUENTO UN SECRETO?

Somos mejores amigos,
nos encanta hacer cosas juntos
conversar, reír y pasear
pero siempre me tengo que callar
… ¿te cuento algo?

Me he cansado de esperar
No me puedo calmar,
mis sentimientos hacia ti
van siempre contigo
... dime ¿cómo continuar?

Mi alma me susurra:
¡simplemente sueña!

¡Si eso es lo que hice!
Pero mis sueños no son de colores,
son en blanco y negro.
Quisiera poder compartir
mi sueño contigo...

Juntos, los colores son fuertes
juntos, los colores nos describen
juntos la vida realmente tiene otro color!

Mis ojos tratan de disimular
mis pensamientos revelan la verdad

mi verdad que tengo que ocultar
igual que esas lágrimas para poderte
afrontar...

De nuevo tu voz comenzó a sonar
es tu voz que me hace soñar
Soñar del dulce dúo...
de un tú y yo

Me ahogo en mi mundo
me ahogo en mis pensamientos
Mi mundo: tú,
Mi vida: tú
Mi sueño: tú

Tú, tú, tú.
¡Para mí,
todo lo eres tú!

¿Cómo te lo digo?

Du même auteur

Le souffle du monde, quatrième volume, recueil collectif de poésies, Éditions Amalthée, 2007 ;

Poète de la nuit, recueil de poésies, Éditions Publibook, 2007 ;

Le poète voyageur, recueil de poésies, Éditions L'Éden du Ménestrel, 2008 ;

Brume du soir et rosée du matin, recueil de poésies, Éditions L'Éden du Ménestrel, 2009 ;

Les anges de mes campagnes, recueil de poésies, Éditions L'Éden du Ménestrel, 2010 ;

Petites phrases pour ne rien dire, recueil de prose décalée, La Bartavelle Éditeur, 2010 ;

Les saisons des petits bonheurs, recueil de poésies, Éditions Flammes Vives, 2011 ;

Tokyo, Somerset Hotel, carnet de voyage, haïkus et autres poèmes, La Bartavelle Éditeur, 2011 ;

Petites phrases de rien pour tout dire, recueil de prose décalée, Le chasseur abstrait Éditeur, 2012 ;

Par les chemins de poésie, recueil de poésies, Éditions Flammes Vives, 2012 ;

Petites phrases en l'air pour faire danser les mots, recueil de prose décalée, Édilivre, 2014 ;

Les doux moments, recueil de poésies, Édilivre, 2015 ;

Mon bestiaire poétique enchanté, recueil de poésies, Éditions Flammes Vives, 2015 ;

La lumière des jours, recueil de souvenirs d'enfance et d'adolescence, Éditions L'Harmattan, 2017 ;

Des mondes et merveilles, recueil de poésies, Éditions Flammes Vives, 2017 ;

Petites phrases en or pour faire briller les mots, Recueil de prose décalée, La Bartavelle Éditeur, 2019 ;

Atmosphères, atmosphères..., recueil de prose poétique, Édilivre, 2020 ;

Voyage au pays de la beauté, carnet de voyage, poèmes et haïkus, Les Impliqués Éditeur, 2021 ;

À l'autre bout du monde, recueil de poésies, Édilivre, *2021.*

La plupart de ces ouvrages sont illustrés par des aquarelles et dessins de l'auteur.

TU MIRADA …

Un día
sobre la arena caliente…
bajo una noche estrellada…
...te conocí.

Me acariciaste con tu mirada
tan suave y profunda
que sentí pasión y tremura.

Tus ojos me sedujeron,
tus pestañas densas negras
tapaban esos bellos ojitos más claros
Ellos jugueteaban...
dijeron tanto.

¡Qué bonitos luceros!

Tengo tu mirada grabada
en mi mente
nunca se me borrará
siempre me acompañará!

Cuando me acuerdo de ti
te veo en tus jeans desteñidos
tu camiseta blanca
y tú sonrisa que ilumina
esa mirada lanzada!
Esa ojeada,
que dejó mi razón mareada.

Eras mi príncipe azul,
me quisiste tanto!
Fuiste sin más decir
la llave de mi revivir!

Tus ojos me daban tal ternura
que fueron de mi alma su cura.

¡No puedo creer
que haya sido verdad!
Fue todo tan corto,
más que una semana,
más que tan sólo unos días.

Siempre te recordaré
nunca te olvidaré.

Tu contemplación fue
el motivo de mi desvelo
que alimentaba mis anhelos
y eras el centro de mi universo.

Miraré a las estrellas
¡Y ahí estarás siempre conmigo
habitando fielmente mi corazón!

Dedicado a Guillermo,
mi primer amor
de entonces.
... Todavía seguimos
en contacto.

EL DIA QUE ME QUIERAS

Tu beso me dejó
una sensación de amor.
El día que me quieras
será un despertar de mi carne.

Me llenaré de tus caricias,
Tocaré tu cuerpo con mis manos
y haré correr un mar de sensaciones
por tus venas.

Me embriagaré con esa emoción
sintiéndome fuerte y mujer.
Me embriagaré de tus cariños
que sembrarás en mi lecho.

Entre sábanas blancas te haré volar
entre cortinas de gaza
discernirás mi silueta
y tus ojos brillarán
al sentir nuestra pasión.

Amaneceré junto a ti
y no dejaré de decirte:
"Eres mi vida",
amándote toda una vida.

A la luz de la luna

delirаré con tu promesa de amor
susurrada a mi corazón
al hacer el amor.

Sumergirás en mis entrañas
llevándote con mi cuerpo
una sensación seductora
que no querrás perder jamás!

Tu alma y la mía serán una,
muda, llena de secretos
que revelarán
nuestros íntimos sentimientos
y deseos inquietos.

Tus manos y mis manos moldearán caminos
por andar
resultado, del que sólo
el esfuerzo puede dar.

Serán inolvidables, profundos
y muy coloridos
¡Eso sí, ojalá sin dolor!

No se apagará nuestra vivez,
alumbrará un nuevo amanecer
y habrá tibieza en la piel
con sabor a miel.
El día que me quieras

conoceré tu vida,
esa que anhelo toda mi vida
y la cual compartida
será también la mía.

AMIGO

Tener un amigo significa mucho:
Es una persona que se interesa
por ti,
alguien que te escucha
que es amable y cariñoso

Con una sola mirada te entiende,
se da cuenta de tu estado de ánimo
te quiere ayudar....
no se necesitan palabras.

Es una persona con quién
puedes hablar,
puedes hablar de todo,
sin vergüenza o conveniencia.

Es alguien que te ayuda
a luchar en la vida,
que daría su vida por ti...
te entiende... y nunca se cansa de ti.

Un amigo nunca te faltará
en el momento preciso.
Un amigo no se olvidará
de algo acordado,
sabrá guardar tus secretos!

Un amigo pensará en ti
estando cerca o lejos,
feliz o triste...

¡Un amigo quiere y querrá
compartir lágrimas
y sonrisas contigo!

Yo soy un amigo
¿Te gustaría ser mi amigo?

¡Yo sería feliz de tener
a un amigo como tú!
¿Te animas?

EL PINTAR DE MI SONRISA

Estoy tan feliz de volver,
volver a la esencia de una amistad
esa existencia que perdí y,
al fin recobraré.

Mi alma está en gloria
mi corazón está en euforia
está palpitando
con toda su fuerza
al fin se cumplió mi esperanza!

Voy a ver y a sentir
la calidez de una amistad
esa comprensión y concordancia,
que tanto busqué
y nunca encontré!

Al fin llegó el tiempo,
anhelo ese día,
sonrosado. cuando pueda
mirar a los ojos
de mi amiga y decir:
"¡Gracias por ser tú, gracias por existir!"

En mi deseo estas grabada, amistad,
siempre estás conmigo,
da igual cuál es el destino.

Al fin volveré a ser yo misma
a sentir que alguien me estima,
que alguien verdaderamente me valora.

No sé cómo pude seguir adelante
No sé cómo pude esperar
Me recuperaré de la falta de amistad
que tanto busqué realizar.

Fue un sueño tan lejano,
que ahora nunca más querré soltar!
Porque al soltar, me voy a matar...

Mi alma está en gloria
mi corazón está en euforia
está palpitando con toda su fuerza.
¡Por fin se cumplió mi esperanza!

A ALGUIEN ESPECIAL

Hola, te escribo
para decirte lo siguiente:

Tú,
tú que apareciste
en las tinieblas de mi juventud
que te acercaste
sin que yo te llamara.

Tú,
que me estrechaste una mano
cuando estaba por perderme
que me levantaste de nuevo

que me diste fe,
esperanza y valor.
Tú,
tú que eres una montaña
yo soy una piedra
al borde del monte
que va escalar hasta tu cumbre
para darte la mano algún día a ti.

Tú.
que eres una luz de Dios
que eres un ser humano
que todavía tienes tu alma pura
y tu espíritu limpio.

Miro a tus ojos
que me entregan tanto cariño
que quisiera empacharme de él.

Por eso y por muchísimo más
te admiro y te quiero.
Soy feliz de encontrarte
y de seguir buscando tu compañía.

Le doy gracias a Dios
por haber abierto el cielo
y haber dejado caer
un ángel para mí!

Siento los latidos de tu corazón
cerca del mío
¡No soy digno
de tener esta suerte!

Lo escribí cuando conocí
a uno de mis mejores
amigos, que en su
tiempo me dio tanto.

REBELDÍA

Un sentimiento poderoso
con la clave en los ojos
acaparas tu espíritu.

De personalidad ingeniosa
y de mentalidad rigurosa
arrasas con todo
hasta con el ultimo alboroto.

Luchadora constante
quieres expresar justicia
tienes muchos nombres
Comunismo, Socialismo
u Oposición
¡Qué más da!

Cambias cualquier rutina

hasta el pobre te define.
Tu mejor compañero
es la obstinación
que juntos, causáis mucha conmoción.

Rebeldía
te expresas de mil maneras
con candelas y canalladas.
Inquieta eres como el viento
a veces suave,
a veces fuerte.

Tu mar pega en el muelle
con veloz oleaje
tus aguas revueltas revelan tu fondo.

Has sufrido duros golpes
y cuentas con montones
de enemigos.
Algunos te admiran,
otros te detestan

Rebeldía me dijeron,
es tu nombre
Tu nombre está presente
ahora y siempre.

Tienes planes para el futuro
para algún día ser bautizada
con **¡ÉXITO!**

Luchadora constante
quieres expresar justicia
tienes muchos nombres...
Comunismo, Socialismo
u Oposición.

Cuando empecé a interesarme por la política a los 16 años reconocí que no siempre hay real interés del gobierno en mejorar la situación de su pueblo. Esto me frustró y entonces escribí lo que significa "Rebeldía" para mí.

LA POESIA DEL POETA

Escribo y escribo
gasto energía,
emoción y esperanza

Comunico algo,
destruyo o aliento ideas
escucho y absorbo,
entiendo y explico.

Acarreo historias
de hombres y mujeres
de felices e infelices
del joven y del viejo.

Quisiera hablarle a la humanidad
quisiera tener un pupitre
y hablarle al público
Despertar la justicia
esa justicia que mucho se justifica
pero poco modifica.

La gente comparte conmigo
su sufrir, eso sí,
hoy en día
pocas veces
hay algo por qué reír.

Odio el pedantismo y la estupidez
odio la superioridad y el menos ser.
Siento las sombras negras
que oscurecen el palpitar del corazón,
pero no importa el vecino
sino que el propio vino

La música,
fuente del alma
las canciones,
el puente a las emociones.

Son las flores
que colorean los cuentos
historias que se repiten
y ya no cuento.

Los poetas piensan ser diferentes,
quieren ser diferentes! ...
... y algunos lo consiguen.

Tengo muchos hermanos

varios que han estudiado,
meditado y dialogado.
Mis hermanos me inspiraron,
me instigaron a seguir esas huellas.

No moriré ni morirán
escritas palabras

ya que el papel aguanta
lo que el alma desata!

Causamos turbulencia,
redactamos simbólicas verdades,
escribo y expreso
muchas crueldades
que reflejan la percepción
de la realidad.

Siempre vivimos y viviremos
nosotros, los poetas
seguiremos siendo...
el susurro tangible
de la sociedad!

¿SOY DIFERENTE?

Lloro silenciosamente, por tanto.
¿¡Tanto, que ya no sé por qué!?
Sollozo por ayuda,
por amor,
… y de dolor!

Una persona está sola,
cuando cree haber encontrado apoyo
se te escurre por las manos,
escurridizo como un pez.

Si hay realmente alguien
¡Yo no lo creo!
Todo es tan difícil
nadie me escucha,
muchos se ríen.

Cuando doy cariño, molesto
Cuando soy indiferente, molesto
Cuando canto, molesto
¡Cuando hablo, molesto!
¿Por qué?

¿Por qué no le agrado
a nadie realmente?
¿Por qué me es todo tan difícil?
¿Habría sabido mejor quizás mentir?

¿Quizás ser actor?
¿O ser un arquitecto perfecto?

Es cierto que quiero aprender
dejadme aprender por mí misma!
¡Permitidme encontrarme!

Si existe un amor,
lo tengo que olvidar, por qué?
¿Acaso yo no valgo nada?
¿Acaso nadie se fija en ese valor?

Doy y me dicen egoísta
me lo quedo, soy egoísta!
¡Ayudo, sinónimo de
egoísmo para algunos!
No ayudo, me frustro.

¿Acaso aburro a la gente?
Ella no trata de comprender
que sólo quiero
que se sientan bien.
¿Quizás ese `sentirse bien´ para mi
es otro que el de ellos?

¿Por qué soy tan diferente?
¿Tan diferente
que no encuentro amor cariñoso
en este mundo?

MÁSCARAS

Siempre me gustó el teatro y
actuar en él, con un rol diferente
a mi personalidad.

En la vida diaria,
muchos son actores…

¡No me mires con esa máscara!
¡Me da susto!

Somos amigos,
quizá no tanto eso,
te conozco
¿Te conozco realmente?
Siempre con una sonrisa.
Cuando estoy contigo
¿te das como eres?

La indiferencia de los que te importan
te influye en tu personalidad,
especialmente en tu forma de actuar.

¿No puedes ser
como realmente quieres?
¿Tienes que esconderte
tras una máscara?
¿Realmente crees eso?

Nunca llegarás a conocerte
por completo
tampoco a tu prójimo.
Apenas te sentirás satisfecho
de tus obras.
Por detrás siempre hubo
alguna intención escondida.

¿Te dificulta tanto ser
como tu propia naturaleza?
Dios te creó y te dio una misión.
Sólo lograrás cumplirla, si lo permites
¡Empieza hoy mismo!

Donde miro, discierno máscaras.

Es como en el teatro.
Tengo un rol que jugar,
pero por dentro
soy otra persona.
No dañes a esas personas
que realmente te estiman.

¡Perderás amigos valiosos!
Demuéstrate como eres,
piensa lo que quieras!
¡Eso es vivir!

Ser libre de toda crítica social,
tener la libertad de amar a tu prójimo
sin restricción por lo material!

No me mires
con esa máscara…
¡Me da lástima!

PARA NUNCA VOLVER A EMPEZAR

Estoy cansada
agotada de invertir
mi cariño en la gente
Un cariño tan mío
nadie le importa,
si sufro o río.

Sufro en mi corazón
en él hay un mar de lágrimas
lágrimas amargas
que pesan como una tormenta
apunto de golpear

Me esfuerzo en conocerte,
para qué?
¿Para qué tener amigos?
No sirven
aunque te apoyen o se rían contigo
les importa su propio beneficio!

Parece que todo el mundo
está poseído,
poseído por algo maligno,
seres hiriéndose y culpándose
irrespetuosamente
…estarán mal programados.

Ojalá aprendiéramos
a manejar nuestros propios corazones
antes que una computadora!
¿De qué nos sirve toda la tecnología
sí quedamos solos, aislados en nuestras ntrañas?

¿Dónde está ese amigo que soñé?
Te contaré que tuve que sufrir
soportar la humanidad al convivir.

Existe mucho odio y envidia
el planeta sufre
de una epidemia eterna,
una pandemia sin cura.

¿Hasta cuándo tendré que aguantar?
¡Ya no me quedan fuerzas
para caminar!

Estoy en la mañana de mi vida,
a esa que llaman juventud…
Me siento como un viejo,
cansado, agotado de caminar!

Me gustaría parar
para nunca tener
que volver a empezar.
Amigo de otro mundo
¿dónde estarás?

RECUERDO ESTUDIANTIL

Así recordaré mis estudios
en E.E.U.U.
Unos de los más felices años
de mi vida

Lo mejor de mi vida
lo he disfrutado yo
mi independencia la aprendí yo
mi inocencia la borré yo

Un sueño anhelado desde infancia
ya se va alejando a distancia

un horizonte rosa alcanzado
se guarda en un zapato

La luz ciega mi vista
es el brillante
que llevaré en mi corazón
y de mérito en un medallón

Extrañaré las amistades
extrañaré los lenguajes
extrañaré la vida de estudiante
con mirilla a lo excelente

Aprendí a ser fuerte
Aprendí a valerme por mí misma
que al mundo deberé demostrar
no hoy ni mañana,
pero toda la vida!

Los deseos del pasado,
esos anhelos ocultaron mi locura!

Me conozco más que nadie
porque tengo sueños a montón
que se harán realidad en plenitud

¡Que no se rompan esos sueños
porque guardo una vida
de inquietos deseos...

que algún día
realizaré con alegría!

Y recordaré ese día
con mi angustia de aquel día!

UNA AGUA TURBIA

Regreso a casa,
alegría esperanzada,
se opacó!

Un mundo de confusión,
de nuevo esta frustración
Regresé, para qué?

Mi mente no sabe qué hacer,
estoy confusa
espero el amanecer.

Todas las heridas
que habían sanado,
afloran y salen
a mi encuentro.

Retrocedí de nuevo un año
a esos años de desesperanza,
de suicidios planeados
pero nunca relevados

Terminaré como alguién
a quién quiero mucho
que desde el cielo yo escucho.

Ahora entiendo
la decisión tomada
de esa persona tan amada.

Jugaron con su mente
lo que en mi
se repite nuevamente.
Me están matando,
poco a poco
achicando
hasta tocar fondo.

¡Es tan profundo mi dolor
que ya no creo en el amor!
No sé qué es amor,
no siento su significado
incluso experimenté
lo contrario.

¡Quiero amor, un cariño
algún beso o un abrazo
de una persona
en quién pueda confiar!

La esperanza para mi no existe.
Pedazo a pedazo la arrancaron
del alma y de mis raices.

Mi alma está en calma
de esas calmas
demasiado extraordinarias.

Los colores de mi vida
son todos iguales: grises
entre el negro y el blanco

Quiero paz, paz interior
que me acepten mi terror.
El terror sembrado en mi
con los años de dolor,
de duda
y de amargura.

Doy lo mejor de mí
es lo peor...
Soy como soy,
es lo peor…
Soy como quieren que sea,
me miran feo

Quiero romper
esas cadenas
esas cadenas de hierro
tapadas con piedras tan pesadas.
No alcanzo ver el horizonte,
ese horizonte
infinito por alcanzar.

Tengo marea alta dentro de mi,
un oleaje de tormenta
acarreando dolor,
miedo y desespero.

¡¿Cuando terminará
esa tempestad?!
Esas cara de horror
me miran,
me juzgan y me condenan
¿Acaso soy un convicto,
que necesita juicio?

Me tratan de convencer
de las diferentes personas
que soy…

¡Soy **una** persona
un ser humano!
…sentimientos incluidos

Quizás sea loca.
Que me suelten!!!
Déjenme vivir mi locura,
asi suelto mi amargura!

Pero stop....
todo es silencio,
ya no sé
qué loca soy,
ya no sé nada!

Ni mi nombre me ata.
Lo escucho
y siento rechazo,
ese rechazo aprendido
en las lecciónes
que repito…

¿Terminaré como alguién
a quién quise mucho?
Que la vida se tomó..
el cual desde el cielo
me escucha.

Cuando murió mi papá
se derrumbó mi vida!
Tenía 13 años y quedé
muy sola con ello.

GRITO DEL SILENCIO

¿Qué me pasa?
¿No sé qué hacer?
¡Por favor ayúdenme!
¿Alguien se atreve?

En un mundo aparente de sonrisas
ya no sé cómo hacer amistades
ya no sé cómo socializar con otros

En lo que fui una vez experto
todo se me borró!
Me siento como un niño pequeño
con falta de orientación.

Me cuesta expresar lo que siento
porque me da miedo
cómo actuar,
cómo ser,
cómo hablar.

La gente no me entiende
es difícil disimularlo
todos piensan que es una fase…

¿Qué me pasa?
¿No sé qué hacer?

¡Por favor ayúdenme!
¿Alguien se atreve?

¡No, nadie me puede ayudar!
Nadie se da cuenta
la perfección que anhelo
¿A quién le importa?

¡Qué importa que yo sufra!
Nadie escucha mi grito…
mi grito en el silencio!

TIRO DE ARCO

¿Por qué?
¿Por qué siempre a mí,
acaso soy un blanco para herir?
¿Ese blanco al cual
se disparan flechas
las veces que quieran?
¿Y mientras más cerca
a la herida, mejor?

Yo no soy un juego
con quién poder jugar
tan fácilmente!

A mí no se me compra
y menos se trata de apuntarme
con flechas
hiriendo mi corazón.

Éste se está volviendo duro,
duro como una roca.
Ojalá pudiera ser como ella,
fría, sin conciencia de ser herida.
Mis sentimientos son míos.

Nadie, ningún ser humano
tiene derecho de apoderarse de ellos,
de pisotearlos y reírse por encima!

Soy una persona
un individuo con
virtudes y defectos.
Pero nadie,
nadie debe atreverse
a condenarme,
y menos a juzgarme
y confundirme.

Seré loca,
quizás el loco es
la criatura normal?
El único que se acepta como es,
que no tiene restricciones
en ser sí mismo.

¿A que es admirable?
Vive su vida, su naturaleza
es feliz con lo que tiene…

Un chalado no se propone nada,
no conoce cómo herir a alguien,
porque no sabe cómo hacerlo
y menos planearlo!

Quizás yo sea una demente infeliz
en los ojos de esta vida.
Pero por dentro
soy alegre y orgullosa

vivo mi realidad
sin buscar cómo disgustar,
entristecer y herir otros

ESTRELLAS

Luces brillantes
misterio constante
brilláis… ¿para qué?

Estrellas,
sois el anhelo de la humanidad
voláis tan alto que
cuesta alcanzaros.

Cuando os observo
me guiñáis
algunas brillan más que otras
igual que los seres en la tierra.

Puedo leer muchos destinos,
destinos bellos
destinos tristes
sois guía vital para algunos.

Estrellas,
vosotras representáis la vida
el camino a seguir.

Observo el firmamento
y me empacho de su maravilla!
Siento que hay una estrella
escogida para mí

ese astro que me protege,
ese lucero que me acompaña
no importa dónde yo vaya.

Eres mi compañera eterna,
me sigues,
me alumbras hasta mi muerte.
Ese día en que morirá tu luz
y nacerá otra nueva.

Las estrellas son mágicas
tan chiquitas y tan altas
que nadie desde aquí las puede tocar.

Estrellas
sois constante misterio
para la humanidad.
Pero más que nada

cada miembro celeste una cascada

Esa cascada
que guarda la historia de una vida
la vida, el futuro
y destino de cada uno.
…una persona como yo,
la cual algún día
será como ellas…
una estrella!

INDICE

Grito del silencio

Tiro de Arco

Estrellas

AGRADECIMIENTOS A:

Mi marido por todo su apoyo y Motivación desde la idea hasta la publicación del poemario.

Samuel Romo Farias, un poeta compañero, por ayudarme en último momento en la producción voluntaria de mis audios, robándole parte de su tiempo privado.

Al Universo por sorprenderme con nuevas, maravillosas personas y bonitas amistades que surgieron entre los compañeros "**Escritores zin fronteras**" que somos todos internacionales! Gracias por ese cariño y ayuda incondicional acompañando este proceso de publicación de mi primer librito.

¡Mil gracias!

FIN